Ute Schmalfuß

Dein Aquarium

KOSMOS

Zuerst etwas für Deine Eltern

Liebe Eltern! Fische sind interessante Tiere, aber bei der Haltung und Pflege müssen Sie Ihr Kind unbdingt unterstützen. Vor allem der Umgang mit Elektriztät und das Hantieren mit Testflüssigkeiten ist gefährlich und bedarf Ihrer Aufsicht. Auch beim Wasserwechsel sollten Sie Ihrem Kind helfen.

Das ist wichtig und richtig

Deine Fische können sich leicht erschrecken, deshalb klopfe bitte nicht an die Scheibe und vermeide hektische Bewegungen vor dem Becken. Entnimm das Wasser beim Wasserwechsel immer vorsichtig an der gleichen Stelle, so dass die Fische nicht umhergescheucht werden. Füttere deine Fische regelmäßig und beobachte sie, ob sie auch alle zum Futter kommen und gesund aussehen. Wenn dir etwas auffällt, sage es gleich deinen Eltern.

Das ist mein Aquarium

Willkommen in der Gemeinschaft der Aquarianer!
Es ist eine geheimnisvolle Welt, eine Welt voller Fische in schillernden Farben und fremdländischer Pflanzen. Es gibt viel Aufregendes zu beobachten und viel Ungewohntes zu entdecken.

Ich habe .... verschiedene Fischarten.

Insgesamt habe ich .... Fische.

Mein Aquarium fasst .... Liter Wasser.

Beckenlänge ....

Beckenhöhe ....

Beckentiefe ....

Wie sieht dein Aquarium aus? Hier kannst du deine Fische und Pflanzen einzeichnen.

Wann sind meine Fische munter?

Beobachte deine Fische einmal längere Zeit.

Sind manche am Tag träger als andere?

Kirschflecksalmler

Platy

Tagaktive Fische

Die meisten Aquarienfische sind wie wir tagaktiv. Das bedeutet, sie sind am Tag wach und schlafen, wenn es dunkel ist. Wie wir suchen sie sich einen Platz zum Schlafen. Bewegungslos schweben sie dabei im Wasser, verstecken sich oder lassen sich auf dem Boden oder auf Pflanzen nieder. Aber sie schlafen mit offenen Augen, denn sie haben keine Augenlider. Hast du schon einmal versucht, mit offenen Augen zu schlafen?

Antennenwels

Panzerwels

Nachtaktive Fische

Sind deine Fische am Tag träge, könnte es daran liegen, dass es nachtaktive Fische sind. Sie werden erst richtig munter, wenn du schon schläfst. Dann suchen sie nach Futter oder gesellen sich zu ihren Artgenossen.

Ein Unterschied wie Tag und Nacht

Schalte deine Aquariumlampe aus. Deck eine Hälfte deines Aquariums an allen Seiten mit Tüchern ab. Beleuchte die andere Hälfte von außen mit deiner Schreibtischlampe.
Was passiert jetzt?
Welche Fische tummeln sich im Hellen?
Welche Fische verbergen sich im dunklen Teil?

Wann ist ein Fisch ein Fisch?

Es gibt etwa 30.000 verschiedene Fische. Sie leben im salzigen Meer oder in Flüssen, Seen und Teichen. So verschieden auch alle Fische sind, ihr Körper ist stets gleich aufgebaut. Kennst du die Begriffe? Ordne jedem Körperteil dieser Prachtschmerle hier die richtige Bezeichnung zu.

1 Fische haben keine Augenlider. Sie können die **Augen** nicht schließen.

2 Die **Afterflosse** liegt zwischen den Bauchflossen und der Schwanzflosse.

3 Die **Schwanzflosse** ist der Hauptantriebsmotor.

4 Mit der **Seitenlinie** spüren Fische jede kleinste Erschütterung und Wasserbewegung.

5 Mit den Kiemen atmen die Fische. Sie sind unter dem **Kiemendeckel** verborgen. Das Wasser wird durch das Maul eingesaugt und hinter dem Kiemendeckel wieder herausgepresst.

6 Die **Rückenflosse** hält den Fisch aufrecht und verhindert unkontrolliertes Drehen.

7 Die **Haut** der meisten Fische besteht aus harten Schuppen. Sie schützen den Körper vor Verletzungen. Die Prachtschmerle jedoch hat keine Schuppen, sondern schleimige Haut.

8 Mit den **Brustflossen** können Fische steuern, bremsen und rückwärts schwimmen.

9 Es gibt die verschiedensten **Maulformen** bei Fischen. Schau auf Seite 19 nach.

10 Auch die **Bauchflossen** dienen zum Steuern und Bremsen. Zusammen mit den Brustflossen halten sie das Gleichgewicht.

11 Am Vorderende des Kopfes liegen die **Nasenöffnungen**. Die meisten Fische können sehr gut riechen.

Lösung

Wie es ist, ein Fisch zu sein

Unter Wasser gelten ganz andere Gesetze als an Land: Man muss anders atmen und schwebt völlig schwerelos. Gar nicht so einfach. Mit Tauchermaske, Schnorchel und Flossen kannst du einmal ausprobieren, wie es ist, ein Fisch zu sein.

Genau wie wir brauchen Fische **Sauerstoff.** Aber sie holen ihn sich aus dem Wasser. Wir dagegen müssen zum Luftholen auftauchen oder durch einen Schnorchel atmen.

Fische haben eine mit Gas gefüllte **Schwimmblase.** Damit schweben sie im Wasser. Mit unserer Lunge kannst du das Schwimmblasenprinzip nachahmen. Wenn deine Lunge beim Tauchen mit Luft vollgefüllt ist, schwebst du weiter oben im Wasser. Wenn du nun unter Wasser ausatmest, sinkst du ab.

Die **Augen** der Fische sind perfekt an das Wasser angepasst. Wenn du unter Wasser scharf sehen möchtest, musst du eine Taucherbrille aufsetzen.

Fische haben ein **Seitenlinienorgan**, mit dem sie jede Wasserbewegung wahrnehmen können. Dafür hast du eine sehr empfindliche Haut. Stell dich vor den Massagestrahl und probier es aus.

Mit **Flossen** kannst du viel schneller schwimmen als mit bloßen Füßen. Wie die Flossen der Fische sind sie hart und durch Strahlen verstärkt. Die Oberfläche dieser Paddel ist groß und kann deshalb mehr Wasser verdrängen.

Mit ihren **Brustflossen** steuern die Fische wie du mit deinen Armen beim Schwimmen.

Was sehen meine Fische?

Sehen können Fische natürlich auch, auf ihre Weise. Willst du dich davon überzeugen?

Kennst du den **Vieraugenfisch?** Er ist durch seine zweigeteilten Augen perfekt an das Leben direkt an der Wasseroberfläche angepasst. Mit dem oberen Teil späht er aus dem Wasser und kann dadurch Feinde außerhalb des Wassers leichter erkennen.
Mit dem unteren Teil sieht er, was im Wasser geschieht.

Der rückenschwimmende **Kongowels** ist nachtaktiv, er lebt in ständiger Dunkelheit. Deshalb hat er große Augen, mit denen er in der Nacht noch etwas sehen kann. Außerdem schwimmt er fast immer mit dem Bauch nach oben. Er sucht seine Nahrung nämlich auch auf der Unterseite von Blättern und Wurzeln.

Was sehen meine Fische?

Besorg dir ein rotes Plastikhütchen mit kleinen Löchern und befestige einen Faden daran. Dann legst du eine Futtertablette hinein und hängst es in dein Aquarium. Erkennen deine Fische, dass aus dem Hütchen Futter kommt? Mach den Versuch jedes Mal, wenn du fütterst. Schwimmen die Fische nach einigen Versuchen sofort an das Hütchen, wenn du es ins Wasser hängst?

....

....

Erkennen meine Fische Farben?

Besorg dir ein farbiges Plastikhütchen, zum Beispiel in blau oder grün. In das rote Hütchen legst du wieder eine Futtertablette. Das andere bleibt leer. Lass beide zusammen ins Wasser baumeln. Zu welchem Hütchen schwimmen die Fische? Wiederhol den Versuch mehrmals. Erkennen die Fische, daß es nur im roten Hütchen Futter gibt? Dann können sie Farben unterscheiden.

....

....

Der **Schlammspringer** ist ein äußerst ungewöhnlicher Fisch. Er fängt seine Nahrung, zum Beispiel kleine Insekten, an Land. Seine großen Augen, die oben auf dem Kopf liegen, kann er sogar unabhängig voneinander bewegen.

Können Fische hören und riechen?

Fische besitzen wie wir Menschen Ohren. Man kann sie zwar nicht erkennen, aber viele Fische hören sehr gut. Fast genauso unauffällig sind die Nasenlöcher der Fische. Probier doch einfach einmal aus, wie gut deine Fische hören und riechen können.

Jedes Mal, bevor du ihnen ihr Futter gibst, pfeifst du in eine Hundepfeife. Dann gibst du das Futter immer an der gleichen Stelle ins Wasser. Wie reagieren deine Fische? Werden sie unruhig? Schwimmen sie an den Futterplatz? Ganz clevere Fische werden vielleicht irgendwann bei deinem Pfiff sofort zum Futterplatz kommen.

Der Geruchssinn führt die Fische zu ihrer Nahrung— und zu deinem Futter. Lass vorsichtig Futter in das Aquarium fallen. Es wird nicht lange dauern und deine Fische fangen an, danach zu suchen.

Wusstest du, dass manche Fische ertrinken können?

Labyrinthfische müssen zum Beispiel immer wieder an die Wasseroberfläche, um dort Luft zu atmen. Sie haben sogar ein extra Organ dafür. Hast du Labyrinthfische in deinem Aquarium? Dann achte darauf, dass zwischen Wasseroberfläche und Deckel ein Zwischenraum bleibt. Sonst können sie tatsächlich ertrinken!

Auch Fische mögen ab und zu etwas ganz Besonderes. Füttere ihnen doch einmal in der Woche einen Leckerbissen:

Für Pflanzenfresser	ein kleines Stück Gurke
Für Allesfresser	Lebendfutter wie Wasserflöhe, Mückenlarven
Für Bodenfische	Futtertabletten
Für Fleischfresser	Lebendfutter

Kleb eine Hafttablette an die Scheibe deines Aquariums

Welche Fische kommen sofort angeschwommen; welche nicht?

....

Knabbern sie an der Tablette oder fressen sie, was herunterfällt?

....

Streiten sie um den besten Platz oder reihen sie sich brav um die Tablette?

....

Lösung

2A / 3B / 1C

Was fressen meine Fische?

Wenn du mit deinen Eltern Fische kaufst, frag immer in der Zoohandlung nach, was und wie viel sie fressen müssen. Es gibt Fische, die ernähren sich nur von Algen und Pflanzen. Andere fressen winzig kleine Tiere. Wieder andere mögen beides.

? **Betrachte die Mäuler deiner Fische. Sie können nach vorne, nach oben oder nach unten geöffnet sein. Welches Maul gehört zu welchem Fisch?**

1 Fünfgürtelbarbe

2 Netzschmerle

3 Kampffisch

a Unterständig
Das Maul öffnet sich nach unten. So können die Fische den Boden besser nach Nahrung absuchen. Diese Fische schwimmen in deinem Aquarium unten.

b Oberständig
Das Maul von Fischen, die an der Wasseroberfläche schwimmen, öffnet sich nach oben. Sie schnappen nach Futter, das direkt über ihnen auf dem Wasser treibt.

c Endständig
Fische, die sich meistens in der Mitte deines Aquariums aufhalten, haben ein nach vorne gerichtetes Maul. Sie schnappen nach allem, was im Wasser schwebt.

Nachwuchs züchten

Fische selbst nachzuzüchten ist unglaublich spannend. Die meisten Fische legen Eier. Manche brüten ihre Eier sogar im Maul aus. Wieder andere bauen ein Nest aus Luftblasen. Aber es gibt auch Fische, die bereits voll entwickelte Junge zur Welt bringen, zum Beispiel Guppys.

Dieses Guppy-Weibchen bekommt gerade seine Jungen. Sofort nach der Geburt fangen die Jungen an, selbstständig Futter zu suchen.

Die Guppy-Männchen sind kleiner als das Weibchen. Du erkennst sie auch an der Afterflosse. Sie ist zu einem Begattungsorgan umgebildet.

Das Labyrinthfisch-Männchen baut ein Schaumnest an der Wasseroberfläche. Darin legt das Weibchen die Eier ab. Danach übernimmt das Männchen die Aufsicht, bis die Jungen geschlüpft sind.

Bei den maulbrütenden Buntbarschen tragen die Weibchen die Eier im Maul und brüten sie dort aus.

Das Weibchen des Skalars legt die Eier auf Blättern ab. Beide Elterntiere verteidigen das Gelege.

Ein länglicher Ablaichkasten ist ideal. Er wird in das Aquarium gehängt. Leg etwas Javamoos auf die Wasseroberfläche, dann fühlen sich die Jungfische sicherer. Setz das hochträchtige Guppy-Weibchen in den Kasten. Wenn die Jungen geboren sind, rutschen sie durch den Rost und sind vor der Mutter sicher. Nun setzt du das Weibchen zurück ins Aquarium und entfernst den Rost. Am besten setzt du die Jungen in ein kleines Aufzuchtbecken.

Eine Wohnung für meine Fische

In ein Aquarium gehören nicht nur Fische, du brauchst auch noch einiges Zubehör. Hast du alle notwendigen Teile?

Gegenstände, die du für dein Aquarium brauchst

Eimer und Schlauch	Um Wasser in das Aquarium zu füllen oder herauszulassen
Mulmsauger	Zum Reinigen des Aquarienbodens
Wassertest-Set	Zum Prüfen der Wasserqualität
Wasseraufbereitungsmittel	Reines Leitungswasser ist für Fische oft nicht geeignet
Zeitschaltuhr	Zum automatischen An- und Ausschalten des Lichts
Mehrfachstecker	Zum Anschließen aller elektrischen Geräte

Verbinde mit einem Stift das Bild und das dazugehörige Wort.

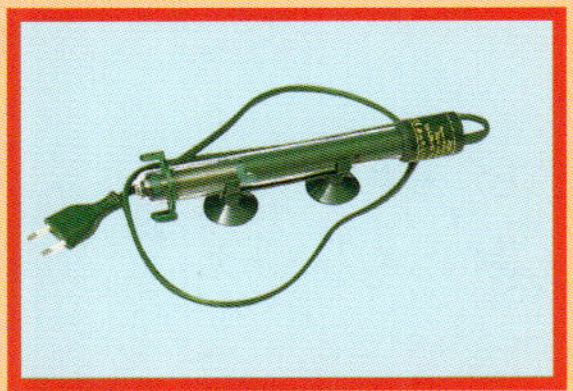
1

A **Algenmagnet** Er besteht aus zwei starken Magneten; einer wird innen und einer außen an der Beckenwand befestigt. Bewegst du den äußeren Magneten hin und her, zieht er den inneren mit, der dabei Algen von der Scheibe schabt.

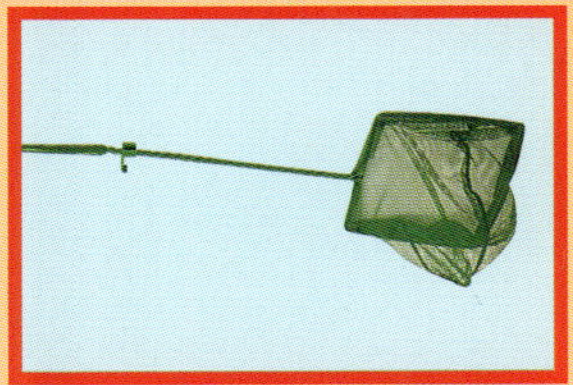
2

B Filter: Er sorgt dafür, dass das Wasser sauber bleibt . Grober Schmutz bleibt in der Filterwatte hängen.

3

C **Beleuchtung** Die Pflanzen in deinem Aquarium brauchen Licht zum Wachsen, genau wie alle anderen Pflanzen. Bei fast allen Becken sind die Lampen bereits im Deckel eingebaut.

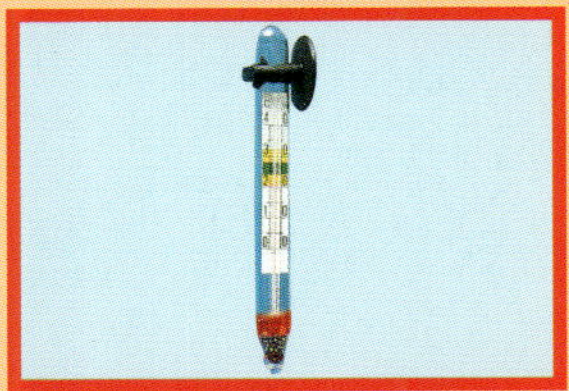
4

D **Heizstab** Viele Fische kommen aus Ländern, in denen das Wasser schön warm ist. Darum musst du dein Aquarium beheizen. Der Heizstab sorgt dafür, dass das Wasser immer die gleiche Temperatur hat.

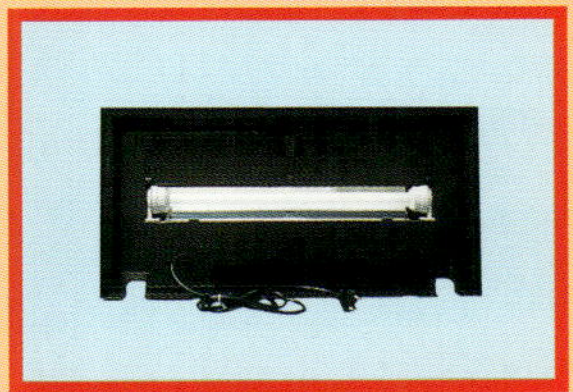
5

E **Thermometer** Damit überprüfst du, ob das Wasser auch wirklich die richtige Temperatur hat. Deshalb sollte es immer im Becken angebracht werden.

6

F **Netz** Manchmal musst du deine Fische aus dem Aquarium holen. Hierfür brauchst du ein kleines Netz. Es wird Kescher genannt.

Lösung

1D, 2F, 3A, 4E, 5C, 6B

Wohnungseinrichtung für meine Fische

Fische brauchen eine Unterwasserlandschaft, damit sie sich wohl fühlen und sich verstecken können.

Bodengrund

Auf den Boden deines Aquariums kommt feiner Kies. Bevor du ihn in das Becken gibst, muss er gewaschen werden. Schütte ihn in einen Eimer, gib Wasser dazu und rühre kräftig darin herum. Gieß das schmutzige Wasser weg und wasch den Kies so oft, bis das Wasser sauber bleibt.

Steine und Wurzeln

Mit Steinen und Wurzeln kannst du eine richtige Unterwasserlandschaft gestalten. Bau für deine Fische Verstecke und Höhlen, aber pass auf, dass sie nicht einstürzen können. Wie den Kies muss man auch Steine und Wurzeln vorher gut waschen. Bring auch gleich den Filter im Hintergrund an.

Wichtig!

Bevor Fische in deinem Aquarium schwimmen können, musst du noch etwa zwei Wochen warten. Aus dem Leitungswasser muss mit Hilfe von Bakterien erst einmal richtiges Aquarienwasser werden.

Wasser einfüllen

Jetzt kommt das Wasser in das Aquarium. Füll es aber zunächst nur bis zur Hälfte. Das geht am besten mit der „Schlauchmethode“: Stell einen Eimer mit Wasser höher als das Aquarium.
Halt das Ende eines Schlauches hinein und saug kurz am anderen Ende. Das Wasser beginnt zu fließen. Damit der Untergrund nicht aufgewirbelt wird, stellst du einen Teller auf den Aquarienboden, über den du das Wasser strömen lässt.

Pflanzen einsetzen

Noch ist deine Unterwasserlandschaft ziemlich kahl, es fehlen schöne Pflanzen. Welche du nehmen kannst und wie sie eingesetzt werden, das steht auf der nächsten Seite. Füll dann das Aquarium ganz auf.

Fische einsetzen

Nach zwei Wochen kommen die lebendigen Bewohner für dein Aquarium. Damit die Fische keinen „Umzugsschock“ bekommen, darfst du sie aber nicht einfach in dein Becken schütten. Zuerst hängst du den Beutel geöffnet mit einer Klammer an den Beckenrand und und gibst 1/4 Liter Aquarienwasser hinzu. Nach ca. 15 Minuten leerst du die Hälfte des Beutelinhaltes in einen Eimer und füllst den Beutel mit Aquarienwasser auf. Nach weiteren 15 Minuten kannst du die Fische vorsichtig in ihren neuen Lebensraum entlassen.

Auch Fische mögen's grün

Nur Kies, Steine und Wurzeln in deinem Aquarium wäre für deine Fische schrecklich langweilig. Du kannst ihnen einen tollen Unterwassergarten anlegen. Die Pflanzen sorgen nebenbei auch noch für „frische Luft" im Wasser.

Wo soll das Aquarium stehen?

- Nicht zu hoch, auf einem stabilen, geraden Untergrund.
- In der Nähe einer Steckdose, um die elektrischen Geräte anzuschließen.
- Nicht in der Sonne oder auf der Heizung, sonst wird das Wasser zu warm und es wachsen zu viele Algen.
- An einem ruhigen Ort, an dem die Fische nicht durch Bewegungen erschreckt werden.

Javafarn

Zwergspeerblatt

Argentinische Wasserpest

Indischer Wasserfreund

Schütte den Untergrund so auf, dass er zur Rückwand hin leicht ansteigt. Die größten Pflanzen kommen an die Seiten und nach hinten, die kleineren pflanzt du nach vorn und in die Mitte. Am schönsten sieht es aus, wenn du mehrere gleiche Pflanzen in kleinen Gruppen anordnest.

Unterwassergärtner ist ganz einfach: Grab mit dem Finger ein kleines Loch in den Untergrund. Bevor du die Pflanze einpflanzt, spülst du sie mit klarem Wasser ab und schneidest ihre Wurzeln etwas zurück. Nun setzt du sie vorsichtig in das Loch und schiebst den Kies wieder darüber. Die Pflanze muss festen Halt haben. Fertig.

Achtung Hochspannung!

Elektrischer Strom ist gefährlich, besonders in Verbindung mit Wasser. Deshalb lass dir von einem Erwachsenen helfen, wenn du die elektrischen Geräte in deinem Aquarium anschließt. Und zieh auf jeden Fall immer erst alle Stecker, bevor du ins Wasser fasst.

Spannende Unterwasserwelten

Das Aquarium kann für deine Fische ein richtiger Abenteuerspielplatz sein. Stell dir vor, was man am Grund des Meeres Geheimnisvolles finden kann, Schätze eines versunkenen Piratenschiffs zum Beispiel oder versunkene Städte. All das kannst du deinen Fischen auch bieten.

Natürlich hatten die Piraten einen großen Schatz dabei. Bunte Glassteine auf dem Aquarienboden sind die Edelsteine. Irgendwo steht halb verborgen eine Schatztruhe, die du aus einer Kunststoffdose selbst bauen kannst. Füll sie mit Kies, damit sie untergeht. Nun sind deine Fische die Wächter des versunkenen Schatzes.

Sumpffreund

Wasserstern

Haarnixe

Mal auf ein großes Papier ein Wrack mit einem Loch im Rumpf, gebrochenen Masten und einer zerfetzten Piratenflagge. Das klebst du von außen an die Rückwand.

Aus eins mach zwei

In deine Unterwasserwelt gehören auch viele Pflanzen. Du kannst die Wasserpflanzen ganz einfach „verdoppeln“: Schneide von einer schon recht großen Pflanze etwa die Hälfte ab und stecke sie gleich wieder in den Aquarienboden. Sie bildet bald eigene Wurzeln und beginnt zu wachsen. Versuche es doch einfach mal mit den hier gezeigten Pflanzen.

Fische müssen schwimmen ...

... aber das geht nur in sauberem Wasser. Ab wann das Wasser verschmutzt ist, kannst du sehr leicht selbst herausfinden. Besorg dir einen Wassertest und schon kann's losgehen.

Hier kannst du deine Wasserwerte eintragen

Temperatur.................................

Nitrit-Werte.................................

Wasserhärte.................................

pH-Wert.................................

Verschmutzungsgrad

Für den einfachsten Test brauchst du nur ein Wasserglas oder ein Glasröhrchen. Du füllst etwas Wasser aus dem Aquarium ein und hältst es gegen das Licht. Ist das Wasser durchsichtig oder trüb? Ist es grünlich oder bräunlich, dann sind zu viele Algen im Wasser. Riecht es faulig? Jetzt ist schnellstens ein Wasserwechsel angebracht.

Temperatur

Die meisten Aquarienfische bewohnen draußen in der Natur warme Gewässer. Dein Aquarienwasser muss also immer die richtige Temperatur haben. Mit einem Thermometer kannst du nachprüfen, ob sich die Temperatur ändert.

Nitrit-Werte

Der Kot deiner Fische enthält Ammoniak. Dieses Ammoniak kann sich im Wasser zu giftigem Nitrit umwandeln und den Fischen schaden. Vor allem bei einem neuen Aquarium solltest du den Nitrit-Wert häufig messen. Das Wasser muss völlig nitritfrei sein. Zu einer Wasserprobe von 5 Milli-liter gibst du die angegebene Menge der Testflüssigkeit. Die Farbe deiner Wasserprobe vergleichst du nun mit der Farbskala.

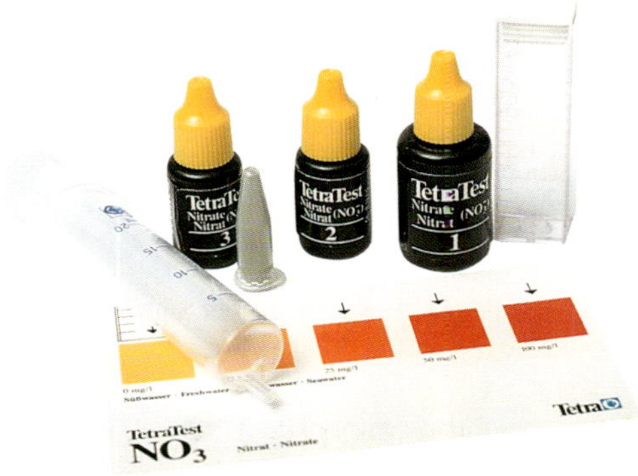

pH-Wert

Wasser kann sauer, neutral oder basisch sein. Neutrales Wasser hat einen pH-Wert um die 7. Je saurer das Wasser, desto niedriger ist der pH-Wert. Je höher der Wert, desto basischer ist das Wasser. Bei welchem pH-Wert fühlen sich deine Fische wohl? Füll 5 Milliliter Aquarienwasser in ein Plexiglasröhrchen. Tropf die Testflüssigkeit dazu. Die Farbe, die nun entsteht, vergleichst du mit der Farbskala.

Wasserhärte

Die Wasserhärte wird vor allem durch den Kalkgehalt des Wassers bestimmt. Überprüfe dein Leitungswasser zu Hause. Ist das Leitungswasser zum Beispiel zu hart, solltest du es mit enthärtetem Wasser mischen, das du im Fachhandel erhältst. Die Wasserhärte kannst du mit einem Härtetest messen. Nimm eine Wasserprobe von 5 Milliliter und fülle sie in das Plexiglasröhrchen. Die Testflüssigkeit für die Wasserhärte gibst du Tropfen für Tropfen dazu. Nach jedem Tropfen schüttelst du aas Röhrchen leicht. Dies machst du so lange, bis sich die Farbe der Probe ändert. Vergiss deshalb nicht, mitzuzählen. Zum Beispiel entsprechen 10 Tropfen 10 Grad deutscher Härte (10°dh).

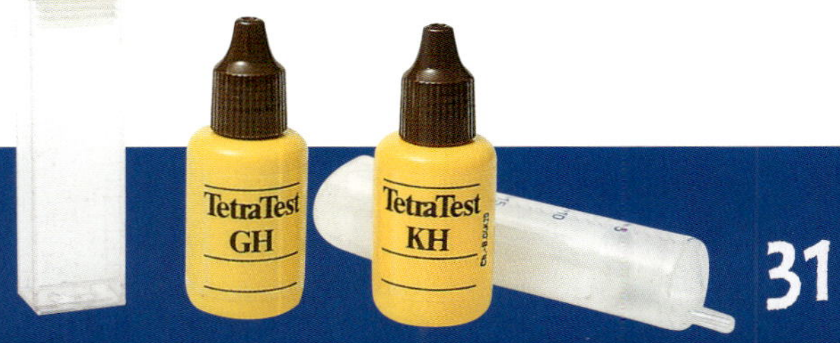

Gesund wie ein Fisch im Wasser

In einem sauberen Aquarium fühlen sich Fische am wohlsten. Außerdem kannst du sie durch eine saubere Scheibe auch besser beobachten. Aber nicht vergessen: Vor dem Saubermachen die Stecker herausziehen.

Klare Sicht

Dann kannst du jetzt mit einem Algenmagnet die Scheibe reinigen. Hartnäckige Algen kannst du mit einer speziellen Klinge abschaben. Wie sehen die Abdeckhaube und Leuchtstoffröhren aus?

Wasser ablassen

Mit einem Schlauch wird das Wasser herausgeholt. Dazu saugst du ganz vorsichtig am Schlauch, wie an einem Strohhalm. Wenn das Wasser kommt, hältst du ganz schnell den Eimer darunter. Aber pass auf, dass du nicht aus Versehen das Wasser verschluckst. Oder dass deine Fische angesaugt werden. Ungefähr ein Viertel des Wassers wird abgelassen. Du kannst auch an die Außenseite deines Aquariums einen Strich machen. Dann weißt du das nächste Mal, wie viel Wasser du ablassen musst.

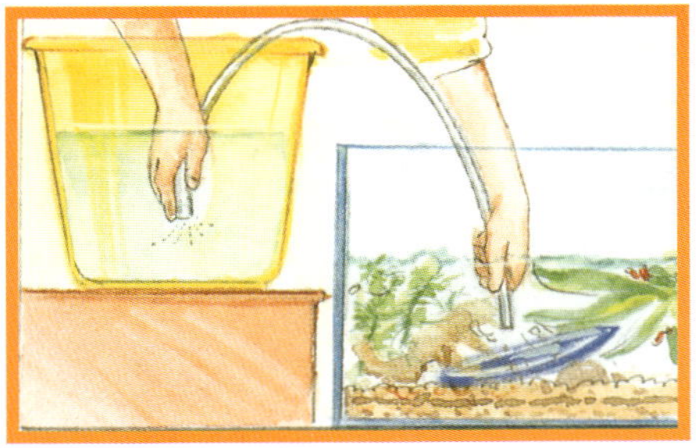

Wasser einfüllen

Misch in einem Eimer frisches Leitungswasser mit Wasseraufbereitungsmittel. Das bekommst du in jedem Zoofachgeschäft. Nun stellst du den Eimer höher als das Aquarium und füllst es mit der Schlauchmethode wieder auf. Jetzt kannst du die Stecker wieder einstecken.

Fische husten nicht...

...aber genau wie du können sie sich einmal nicht wohl fühlen oder krank werden. Wenn ein einzelner Fisch krank ist, muss er ein „Krankenzimmer“ bekommen, damit er die anderen nicht anstecken kann. Dazu setzt du ihn in ein kleines Extrabecken. Bevor du deinen Fischen ein Medikament gibst, frage immer erst deinen Zoofachhändler oder Tierarzt.

Deine Fische ...	Das bedeutet ...	So kannst du ihnen helfen
schwimmen an der Wasseroberfläche und schnappen nach Luft	Sie leiden an Sauerstoffmangel.	Du brauchst mehr Pflanzen und das Wasser ist vielleicht zu warm. Sofort belüften!
scheuern sich an Steinen und Wurzeln	Sie haben Parasiten auf der Haut.	Gib ein Heilmittel ins Wasser.
haben hervorquellende Augen	Das Wasser ist sehr schmutzig.	Du musst das Aquarium regelmäßig säubern.
haben weiße Pünktchen auf den Flossen und am Körper	Sie haben die „Weißpünktchenkrankheit“.	Man kann sie mit Medikamenten heilen.
haben weiße Stellen am Körper, die wie Wattebäusche aussehen	Ein Pilz, der „Wasserschimmel“, hat deine Fische befallen.	Gib ein geeignetes Medikament ins Wasser.

Fische für mein Aquarium

Nicht alle Fische passen zusammen. Damit sie sich wohl fühlen, sollten sie alle die gleichen Ansprüche an die Temperatur und die Wasserwerte stellen. Einige Fische fühlen sich nur knapp über dem Boden wohl. Andere schwimmen gern dicht unter der Wasseroberfläche. Wieder andere bevorzugen die Mitte. Wähl sie so aus, dass die verschiedenen Bereiche besetzt sind. Jeder Fisch hat übrigens auch einen lateinischen Fachnamen.

Obere Wasserzone

Bevorzugt die Mittelzone

Bodenfische

Guppy (Poecilia reticulata)
Familie Lebendgebärende Zahnkarpfen
Größe 4 bis 6 cm
Wie viele 1 Männchen auf 3 Weibchen
Wasser 23 bis 26 °C; pH 6,5 bis 8
Futter liebt Abwechslung mit Tabletten, Flockenfutter, Mückenlarven

Black Molly (Poecilia sphenops)
Familie: Lebendgebärende Zahnkarpfen
Größe 4 bis 6 cm
Wie viele 1 Männchen auf 2 bis 3 Weibchen
Wasser 24 bis 28 °C; pH 6,5 bis 8
Futter braucht pflanzliche Zusatzkost und Tabletten, Flockenfutter, Lebendfutter

Platy (Xiphophorus maculatus)
Familie Lebendgebärende Zahnkarpfen
Größe 4 bis 7 cm
Wie viele 1 Männchen auf 3 Weibchen
Wasser 23 bis 26 °C; pH 6,5 bis 8
Futter Tabletten, Lebendfutter, Algen und pflanzliche Zusatznahrung

Neonsalmler (Paracheirodon innesi)
Familie Salmler
Größe 4 cm
Wie viele mindestens 10 Tiere
Wasser 24 bis 28 °C; pH 6 bis 7,5
Futter Tabletten, Lebendfutter, Pflanzenkost

Trauermantelsalmler (Gymnocorymbus ternetzi)
Familie Salmler
Größe 6 cm
Wie viele mindestens 6 Tiere
Wasser 22 bis 26 °C; pH 6 bis 7,5
Futter Trockenfutter und Lebendfutter

Schwarzer Neon
(Hyphessobrycon herbertaxelrodi)
Familie Salmler
Größe 4 cm
Wie viele mindestens 8 Tiere
Wasser 23 bis 27 °C; pH 6 bis 7, 2
Futter abwechslungsreich füttern: Lebendfutter, Trockenfutter, Pflanzenkost

Zitronensalmler
(Hyphessobrycon pulchripinnis)
Familie Salmler
Größe 5 cm
Wie viele mindestens 8 Tiere
Wasser 24 bis 26 °C; pH 6 bis 7,5
Futter Mückenlarven, Futtertabletten

Roter von Rio
(Hyphessobrycon flammeus)
Familie Salmler
Größe 4 cm
Wie viele mindestens 6 Tiere
Wasser 20 bis 26 °C; pH 6 bis 7,5
Futter Trockenfutter, Lebendfutter, Pflanzenkost

Siamesischer Kampffisch
(Betta splendens)
Familie Labyrinthfische
Größe 6 cm
Wie viele Unbedingt nur 1 Männchen im Becken halten, da sich die Männchen bis zum Tod bekämpfen; dazu 2 bis 3 Weibchen. Vertragen sich nicht mit langflossigen Fischen
Wasser 25 bis 30 °C; pH 6,5 bis 7,5
Futter Lebendfutter, Frostfutter, gefriergetrocknete Mückenlarven, Trockenfutter

Roter Zwergfadenfisch
(Colisa lalia)
Familie Labyrinthfische
Größe 6 cm
Wie viele Paarweise, – nicht mit Fischen zusammenbringen, die an ihren Flossen zupfen.
Wasser 25 bis 30 °C; pH 6 bis 7,5
Futter Gefrier-getrocknete Insekten, Futtertabletten

Punktierter Panzerwels
(Corydoras paleatus)
Familie Welse
Größe 7 cm
Wie viele mindestens 5
Tiere 2 Männchen auf 3 Weibchen
Größe 7 cm
Wasser 18 bis 26 °C; pH 6 bis 7,5
Futter Futtertabletten und Lebendfutter

Keilfleckbärbling
(Rasbora heteromorpha)
Familie Karpfenartige
Größe 4,5 cm
Wie viele mindestens 8 Tiere
Wasser 23 bis 28 °C; pH 6 bis 7,2
Futter Gefriergetrocknetes Futter, Tabletten

Ohrgitter-Zwergharnischwels
(Otocinclus affinis)
Familie Harnischwelse
Größe 3,5 bis 5 cm
Wie viele mindestens 5 Tiere
Wasser 20 bis 28 °C; pH 6 bis 7,5
Futter Algenfresser, mag gerne überbrühte Salatblätter und Futtertabletten. Ganz wichtig für die Verdauung sind Moorkienholzwurzeln im Becken, an denen die Tiere raspeln können.

Schmetterlingsbuntbarsch (Papiliochromis ramirezi)
Familie Buntbarsche
Größe: 5 cm
Wie viele Paarweise
Wasser 24 bis 30 °C; pH5 bis 7
Futter als Fleischfresser mögen sie am liebsten kleines Lebendfutter wie Mückenlarven; aber auch Frostfutter und Trockenfutter fressen sie gern.

Wenn du dein Aquarium so eingerichtet hast wie unseres hier, hast du nicht lange Freude dran. Welche Pflanzen und welche Tiere haben hier nichts zu suchen? Finde die 5 Fehler. Im Kasten unten steht die Lösung.

Lösung

Hai, Seepferdchen, Kröte, Kaktus, Kiefer

Fische sprechen mit dem Körper

Fische zeigen viele interessante Verhaltensweisen. Zum Beispiel küssen sie sich beim Kampf, wechseln die Farben oder blasen sich auf. Das gehört zu ihrer Sprache. Da die Fische keine Stimme haben, sprechen sie mit ihrem Körper.

Neonfische

Der Leutstreifen hilft den Neonfischen den Schwarm in dunklen Gewässern zusammenzuhalten. Er reflektiert das spärliche Licht sehr wirkungsvoll. Je nachdem in welchem Winkel das Licht einfällt, schillert der Streifen grün bis bläulich. Nachts werden die „Reflektoren" im Leuchtstreifen ausgeschaltet. Und der Streifen leuchtet kaum.

Kugelfische

Sie können sich bei Gefahr aufblasen. Daher kommt auch ihr Name. Sie schlucken Wasser, der Magen dehnt sich und der ganze Fische bläht sich kugelförmig auf. Für die Gegner wirkt er so viel größer und gefährlicher.

Kampffische

Siamesische Kampffisch-Männchen verteidigen ihr Revier bis zum Tod. Treffen zwei Männchen aufeinander, spreizen sie den Kiemendeckel ab, stellen die prachtvollen Flossen auf und machen sich groß, um dem Gegner zu imponieren. Bevor sie kämpfen, stehen sie zunächst Seite an Seite. Der Körper und die Flossen verfärben sich und schimmern in strahlendem Blau oder Rot.

Küssende Guramis

Sie berühren sich mit ihren breitlippigen Mäulern. Rivalisierende Männchen kämpfen so. Sie pressen die Mäuler so lange aufeinander, bis der Schwächere nachgibt.

Das sind meine Fische und das beobachte ich

Auf dieser Seite kannst du zum Fischforscher werden. Beobachte deine Fische genau und notiere, was du gesehen hast.

Was machen deine Fische, wenn du Futter ins Wasser gibst? Fressen alle Fische gleich? ....

Zu welchen Zeiten sind deine Fische aktiv? Und was machen sie dann?

....

In welcher Wasserzone halten sich deine Fische auf? ....

....

Wo verstecken sich die verschiedenen Fische am liebsten? ....

....

Was passiert, wenn du die Aquarienbeleuchtung ausschaltest? ....

....

Vielleicht hast du ein besonders schönes Foto von deinem Lieblingsfisch? Hier kannst du es einkleben.

Aquarianer-Test

Klare Sache, du interessierst dich für deine Fische und bist ein guter Beobachter. Hier kannst du beweisen, dass du schon ein richtiger Aquarianer bist. Kreuze alle richtigen Antworten an.

Wenn Fische schlafen

- ◯ Fische schlafen immer mit offenen Augen, weil sie keine Augenlider haben. (2 P)
- ◯ Nachtaktive Fische schlafen am Tag. Man kann sie nur in der Dämmerung beobachten. (1 P)
- ◯ Tagaktive Fische sind den ganzen Tag munter und schlafen nachts. (2 P)

Mit ihren Brustflossen können Fische

- ◯ steuern (2 P)
- ◯ bremsen (2 P)
- ◯ rückwärts schwimmen (1 P)

Fütterung

- Meine Fische bekommen nur so viel Futter, wie sie in kurzer Zeit auffressen. (2 P)
- Ich füttere meinen Fische mehrmals am Tag kleine Portionen. (1 P)

Wasser

- Das Wasser in meinem Aquarium ist ganz klar. (2 P)
- Ich messe regelmäßig die Wasserwerte. (2 P)
- Alle ein bis zwei Wochen mache ich einen Wasserwechsel. (1 P)

In meinem Aquarium...

- sind viele grüne Pflanzen (2 P)
- gibt es tolle Verstecke in Höhlen und unter Wurzeln (2 P)

Testergebnis

22 Punkte:
Super! Du bist der perfekte Aquarianer.

19 Punkte:
Deine Fische dürfen mit dir zufrieden sein. Du bist ein aufmerksamer Beobachter.

16 Punkte:
Nicht schlecht, aber du darfst dich ruhig noch etwas anstrengen.
Lies einfach noch einmal in diesem Buch nach.

Bildnachweis

Peter Beck (S. 30/31); Juniors Bildarchiv (S. 17u, 21m); Burkhard Kahl (S. 21li); Christof Salata/Kosmos (16li, 23, 31o, 31u).
Alle weiteren 46 Bilder sind von Frank Hecker.

Cartoon-Fisch Blubber wurde von Christian Barthold gezeichnet, alle anderen Illustrationen stammen von Milada Krautmann.

Impressum

Umschlaggestaltung von eStudio Calamar, unter Verwendung eines Farbfotos von Burkhard Kahl .

Mit 61 Farbfotos und 29 Farbzeichnungen.

Die Deutsche Bibliothek — CIP-Einheitsaufnahme

Ein Titelsatz für diese Publikation ist bei der Deutschen Bibliothek erhältlich.

ISBN 3-440-07806-X
Gestaltungskonzept und Satz: eStudio Calamar
Printed in Italy / Imprimé en Italie
Druck und Buchbinder: Printer Trento s.r.l., Trento

Alle Angaben in diesem Buch erfolgen nach bestem Wissen und Gewissen. Sorgfalt bei der Umsetzung ist indes dennoch geboten. Der Verlag und die Autorin übernehmen keinerlei Haftung für Personen-, Sach- oder Vermögensschäden, die aus der Anwendung der vorgestellten Materialien und Methoden entstehen könnten.

Danke

Verlag und Autorin bedanken sich bei Herrn Peter Beck, Sachverständiger für Heimtiere, für die fachliche Durchsicht des Buches.